CATALOGUE

DES LIVRES

D'ASSORTIMENT ET EN NOMBRE

DE J. J. ET M. J. DE BURE FRÈRES,

LIBRAIRES DE LA BIBLIOTHÈQUE ROYALE.

DE L'IMPRIMERIE DE CRAPELET,
RUE DE VAUGIRARD, N° 9.

CATALOGUE
DES LIVRES

D'ASSORTIMENT ET EN NOMBRE

DU FONDS DE LIBRAIRIE

DE J. J. ET M. J. DE BURE FRÈRES,

LIBRAIRES DE LA BIBLIOTHÈQUE ROYALE.

CINQUIÈME PARTIE.

N°s.	Exemplaires.	
1.	53	A mon imagination, épître en vers, ou la Jouissance imaginaire. *A Bizance, de l'imprimerie d'Hally Pif-Pouf, dans la troisième cour du Sérail en entrant à droite, à la Volupté.*
2.	7	— Andra (G. G.), l'Uxoricida, ossia Amedi e Armingh, tragedia. *In Torino, 1789, petit in-8. br.*
3.	39	— Andreossi (le général), Mémoires sur la vallée des lacs de Natron et celle du fleuve Sans-Eau. *An VIII (1800), petit in-4. br.* Extrait de la Décade Égyptienne, imprimée au Caire.
4.	62	— Antonini, Grammaire italienne pratique et raisonnée. *Lyon, 1763, in-12.*
5.	7	— Anville (d'), Analyse géographique de l'Italie. *Paris, 1744, in-4. avec deux grandes cartes.*

6.   15 ex. Anville (d'), Antiquité géographique de l'Inde et de plusieurs autres contrées de la Haute-Asie. *Paris, I. R. 1775, in-4. avec 3 cartes.*

7.   5 — Anville (d'), États formés en Europe après la chute de l'empire romain en Occident. *Paris, I. R. 1771, in-4. br. avec une grande carte.*

8.   22 — Anville (d'), l'Euphrate et le Tigre. *Paris, I. R. 1779, in-4. avec une grande carte.*
Plusieurs exemplaires mouillés.

9.   16 — Anville (d'), Mémoire sur la Chine. *Paris, 1776, in-8.*
Plusieurs exemplaires mouillés.

10.   4 — Anville (d'), Mémoire sur la mer Caspienne. *Paris, I. R. 1777, in-4. br. avec une carte.*

11.   10 — Anville (d'), Mémoires sur l'Égypte ancienne et moderne. *Paris, I. R. 1766, in-4. avec cinq cartes.*
Deux exemplaires piqués.

12.   12 — Argenville (d'), Supplément à la Vie des plus fameux Peintres. *Paris, De Bure, 1752, in-4. avec des portraits.*

13.   5 — Aristoteles, Quæstiones mechanicæ, gr. et lat. recens. J. P. Van Cappelle. *Amst. 1812, in-8. br. fig.*

1 — Idem, *in-8. br. Pap. de Holl.*

14.   10 — Arnauld d'Andilly, les Vies des Saints Pères des déserts et de quelques Saintes. *Paris, 1736, 3 vol. in-8.*
Un exemplaire imp. de la feuille T t du tome III.
Neuf exemplaires imparfaits des feuilles S s à B b b du tome III.

15.   3 — Arthusius (M. Gotardus), Colloquia latino-malaica. *Francof. 1613, in-fol. non rel.*
Cet ouvrage est tiré de la IXe partie des Petits Voyages de Théod. de Bry.

(3)

16.   7 ex. Barbié du Bocage, la Grèce et ses isles, pour le Voyage du Jeune Anacharsis. *Paris, De Bure*, 1788, 1 *feuille grand in-fol.*

    22 — La même, *Pap. Vél.*

    17 — La même, *réduite de format petit in-fol.*

17.   4 — Barthélemy (l'abbé), Dissertation sur une ancienne inscription grecque relative aux finances des Athéniens. *Paris, I. R.* 1792, *in-4. br. fig.*

18.   28 — Barthélemy (l'abbé), Entretiens sur l'état de la musique grecque vers le milieu du ive siècle avant l'ère vulgaire. *Paris, De Bure*, 1777, *in-8.*

19. 116 — Barthélemy (l'abbé), Lettre au marquis Olivieri, au sujet de quelques monuments phéniciens. *Paris*, 1766, *in-4. br. avec 4 planches.*

20.   2 — Barthélemy (l'abbé), Recueil de Cartes géographiques, Plans, Vues, etc. de l'ancienne Grèce, relatifs au Voyage du Jeune Anacharsis, précédé d'une analyse critique. *Paris, De Bure*, 1788, *in-4. Pap. Vél.*

21.   9 — Bartoli (Petrus Sante), Museum Odescalchum, sive Thesaurus antiquarum gemmarum quæ a Christina suecorum regina collectæ in museo Odescalcho adservantur. *Romæ*, 1751, 2 *vol. pet. in-fol. fig.*
Deux exemplaires sont imparfaits.
Ces deux volumes contiennent 102 planches.

22. 11 — Bernoulli (Joh.), Opera omnia. *Lausannæ*, 1742, 4 *vol. in-4. fig.*

23.   8 — Betzky, les Plans et les Statuts des différens établissemens ordonnés par Catherine II, pour l'éducation de la jeunesse, trad. par Clerc. *Amst.* 1775, 2 *tom. en 1 vol. in-4. br. en cart. fig.*

(4)

24. 10 ex. Biblia sacra, cum notis Vatabli. *Parisiis,*
        1729, 2 *vol. in-fol.*

    9 — Eadem, 2 *vol. in-fol. Ch. Mag.*

25. 7 — Bibliotheca Roveriana. *Lugd. Batav.* 1806,
        2 *vol. in-8. br.*

26. 11 — Bilderbeck (L. B. de), Bagatelles littéraires.
        Lausanne, et Paris, De Bure, 1788,
        in-8.

27. 10 — Birmann, Six Views of Switzerland. *Basil,*
        1802, *in-8.*

    33 — The same, *in-4.*

28. 11 — Blair (Hugh), Sermons , trad. de l'anglois
        par Frossard. *Lyon,* 1784, 2 *vol. in-8.*
        br.

29. 4 — Boccaccio (Giov.), Nimfale fiesolano. *Pa-*
        rigi, 1778, *in-8. br. Pap. de Holl.*
        dont deux l. r.

30. 2 — Boileau Despréaux (N.), OEuvres, avec
        les notes de Saint-Marc. *Amst.* 1772,
        5 *vol. in 12. br. fig.*
        L'un des deux exemplaires imparfait de la table
        des matières des tomes I, II, III.

31. 18 — Boileau Despréaux (N.), OEuvres choisies.
        Paris, (Didot), 1781, *in-18.*
        De la Collection d'Artois, en papier ordinaire.

32. 2 — Bonnet (C.), Recherches sur l'usage des
        feuilles dans les plantes. *Gottingue et*
        Leide, 1754, *in-4. br. fig.*

33. 4 — Bossi (G.), del Cenacolo di Leonardo da
        Vinci libri quattro. *Milano, dalla*
        Stamp. Reale, 1810, *gr. in-4. br. fig.*
        = Delle Opinioni di Leonardo da Vinci
        intorno alla simmetria de' corpi umani,
        discorso al celeberr. A. Canova. *Milano,*
        Stamp. Reale, 1811, *gr. in-4. fig.*

34. 3 — Bossi (G.), gli medesimi, *in-fol. br. fig.*
        Avec un portrait de Léonard de Vinci, qui ne doit
        pas se trouver dans les exemplaires in-4.

35. 22 ex. Bouges (le P.), Histoire ecclésiastique et
          civile du diocèse de Carcassonne. *Pa-
          ris*, 1741, *in-4.*

36. 60 — Bourguet, Lettres philosophiques sur la
          formation des sels et des crystaux, et
          sur la génération organique des plantes
          et des animaux. *Amst.* 1762, *in-12.*

37. 4 — Cabanes (J. de), l'Histourien sincere sus la
          guerro doou duc de Savoyo, en prou-
          venço, en 1707, poëme, publ. par A.
          Pontier. *Aix*, 1830, *in-8. br.*

38. 3 — Cagnoli, Méthode pour calculer les longi-
          tudes géographiques. *Vérone*, 1789,
          gr. in-8. br.

39. 24 — Calmet (Dom A.), Traité sur les appari-
          tions des Esprits, et sur les Vampires
          ou revenans de Hongrie, de Moravie, etc.
          Paris, De Bure, 1751, 2 *vol. in-12.*

40. 79 — Campomanes (D. Ped. Rod.), Antigüedad
          maritima de la Republica de Cartago,
          con el periplo de su general Hannon,
          en griego, y trad. *En Madrid*, 1756,
          petit in-4. avec une carte et un plan.

41. 9 — Casti, Novelle galanti. *Londra, e Parigi,
          Molini*, 1793, *in-8. Pap. Vél.*

42. 18 — Castilhon (L.), Essais de Philosophie et
          de Morale, en partie trad. librement,
          et en partie imités de Plutarque.
          Bouillon, 1770, *in-8.*

43. 8 — Catullus, Tibulius et Propertius. *Birmin-
          gham, Baskerville*, 1772, *in-4.*

44. 19 — Chabrit (P.), de la Monarchie françoise,
          ou de ses lois. *Bouillon*, 1783, 2 *vol.
          in-8. br.*

45. 25 — Chambert, Demetrius, ou l'Éducation d'un
          prince. *Paris, De Bure*, 1790, 2 *vol.
          in-8. Pap. Vél.*

46. 10 ex. Charnières (de), Mémoire sur l'observa-
tion des longitudes en mer. *Paris,
I. R.* 1767, *in-8. fig.* == Expériences
sur les longitudes, faites à la mer en
1767 et 1768. *Paris, I. R.* 1768, *in-8.*

47. 5 — Chasses, Extrait de l'Encyclopédie de
Paris. *In-fol. br.* 31 *pages de texte et
23 planches.*

48. 4 — Cicero (M. T.), de Officiis libri tres. *Londini,* 1791, *pet. in-8. br.*

49. 15 — S. Clément Romain, deux Épîtres, tirées
d'un manuscrit du Nouveau-Testament
syriaque, publiées par J. J. Wetstein,
en lat. et en franç. 1763, *in-8. br.*

50. 4 — Coleti (G. A.), Catalogo delle Storie par-
ticolari delle città e de' luoghi d'Italia,
le quali si trovano nella domestica
libraria dei fratelli Coleti. *Vinegia,*
1779, *in-4.*

51. 8 — Collection des meilleurs ouvrages français,
composés par des femmes, publ. par
mademoiselle de Kéralio. *Paris,* 1786,
6 *vol. in-8. br.*
Les tomes v et vi contiennent les deux premiers
volumes des Lettres de madame de Sévigné.

52. 13 — Compte général des revenus et des dé-
penses fixes, au 1er de mai 1789. *Paris, I. R.* 1789, *in-fol. Gr. Pap.*

53. 5 — Compte rendu au Roi, au mois de mars
1788, et publié par ses ordres. *Paris,
I. R.* 1788, *in-fol. cart. Gr. Pap.*

54. 6 — Corpus juris canonici, cum notis Pithæo-
rum, *Genevæ,* 1770, 2 *vol. in-fol.*

55. 46 — Crespin (l'abbé), Discours de la Cène.
Orléans, 1770, *in-4. br.* 21 pages.

56. 47 — Danger (le) de la satyre, ou la Vie de
Nicolo Franco, poète italien. *Paris,
De Bure,* 1778, *in-12.*

(7)

57. 29 ex. Dante Alighieri, la Divina Commedia. *Roma*, 1810, 3 *vol. in*-18.

58. 10 — Darquier (A.), Observations astronomiques faites à Toulouse, de 1791-1798. *Paris, I. de la R. an* VIII, (1800), *in*-4. *br.*

59. 40 — Delille (J.), les Jardins, poëme. *Paris*, (*Didot*), 1782, *in*-18.
De la Collection d'Artois, en papier ordinaire.

60. 10 — Delphinus (Petrus), Epistolæ CCXLII, quæ in editis desiderantur, edente Mabillon. *In-fol.*
Ces lettres sont extraites du tome 3 de *Vet. script. et monum. amplis. collectio*, et n'ont point de titre ; elles commencent à la signature MMM de ce volume.

61. 8 — Depetris (Ferd.), il Triompho di amore, componimento dramatico. *Carmagnola*, 1785, *petit in*-8. *br.*

62. 184 — Devoirs (les) de l'homme, discours en vers. *Orléans*, 1782, *in*-8.

63. 45 — Dorat, Merlin bel-esprit, comédie en cinq actes, en vers. *Paris*, 1780, *in*-8. *br.*

64. 41 — Dorat, Roséide, ou l'Intrigant, comédie en cinq actes, en vers. *Paris*, 1780, *in*-8. *br.*

65. 6 — Drummond (Will.), Mémoire sur l'antiquité des zodiaques d'Esneh et de Denderah, trad. de l'angl. *Paris*, 1822, *in*-8. *cart. fig. Pap. Vél.*
Cet ouvrage n'a pas été mis dans le commerce.

66. 2 — Dupré-de-Saint-Maur, Essai sur les monnoies, ou Réflexions sur le rapport entre l'argent et les denrées. *Paris, De Bure*, 1746, *in*-4. *br.*

67. 3 — Dusaulx, de l'Insurrection parisienne, et de la prise de la Bastille. *Paris*, 1790, *in*-8. *br. Pap. Vél.*

68. 63 — Dutens (L.), du Miroir ardent d'Archimède. *Paris, De Bure*, 1775, *in*-8. *br.*

A iv

69. 36 ex. Duval-Pyrau, Agiatis. *Yverdon*, 1778, *in-8.*

70. 35 — Ebulo (Pet. d'), Carmen de motibus siculis, et rebus inter Henricum VI, Rom. imper. et Tancredum sæculo XII gestis. *Basileæ*, 1746, *in-4. fig.*

71. 3 — Écritures, extrait de l'Encyclopédie de Paris. *In-fol. br.* 16 *pages de texte, et* 16 *planches.*

72. 5 — S. Ephraem Syrus, Opera omnia. *Romæ*, 1746, *in-fol. tomus tertius, gr. et lat.*

73. 10 — Euler, Recherches sur la question des inégalités du mouvement de saturne et de jupiter; pièce qui a remporté le prix de l'Académie des Sciences de Paris en 1748. *In-4.*

74. 5 — Feithius (Everhard.), Antiquitates homericæ. *Argentor.* 1783, *petit in-8. fig.*

75. 24 — Fénelon (de), Aventures de Télémaque fils d'Ulysse. *Paris*, (Didot), 1781, 4 *vol. in-18.*
De la collection d'Artois, en papier ordinaire.

76. 6 — Fénelon, vingt-quatre figures, un frontispice gravé et une carte pour les Aventures de Télémaque. *In-12.*

77. 41 — Fergusson (A.), Institutions de philosophie morale, trad. de l'angl. *Genève*, 1775, *in-12.*

78. 50 — Feutry, Manuel tironien, ou Recueil d'abréviations faciles et intelligibles de la plus grande partie des mots de la langue françoise. *Paris*, *De Bure*, 1775, *pet. in-8. br.*

79. 14 — Ficoronius (Fr.), Dissertatio de larvis scenicis et figuris comicis antiq. Romanorum, ex ital. in latin. linguam versa. *Romæ*, 1774, *in-4. fig.*

80.   13 ex. Fielding (G.), Tom Jones, imité par de La
              Place. *Paris (Didot)*, 1784, 4 *vol.*
              in-18.
              De la collection d'Artois, en papier ordinaire.
81.   89 — Florian (de), Estelle, roman pastoral.
              Paris, de l'imprimerie de Monsieur,
              1788. *in-8.*
82.   27 — Florian (de), Estelle, roman pastoral.
              Paris, de l'imprimerie de Monsieur,
              1788, *in-8. Pap. Vél.*
83. 250 — Florian (de), Fables. *Paris, Didot l'aîné,*
              1792, *in-18. fig.*
84.   88 — Florian (de), Galatée, roman pastoral.
              Paris, Didot l'aîné, 1784, *in-8.*
      36 — La même, *Pap. Vél.*
85. 393 — Florian (de), Galatée, pastorale. *Paris,*
              imprimerie de Monsieur, 1788, *in-18.*
              fig.
      12 — La même, *Pap. Vél.*
86. 147 — Florian (de), Galatée, roman pastoral,
              suivi des six Nouvelles. *Paris, Didot*
              l'aîné, 1784, *in-8. Pap. Vél.*
87.   12 — Florian (de), Gonzalve de Cordoue, ou
              Grenade reconquise. *Paris, Didot,*
              1791, 2 *vol. in-8.*
88.   43 — Florian (de), le même. *Paris, Didot l'aîné,*
              1792, 3 *vol. in-18. fig.*
89.   50 — Florian (de), Mélanges de poésie et de
              littérature. *Paris, Didot l'aîné,* 1787,
              in-18. fig.
90. 132 — Florian (de), Numa Pompilius, second roi
              de Rome. *Paris, Didot l'aîné,* 1787,
              in-8.
91.   32 — Frontinus (S. J.), Strategematicon libri, ex
              recens. J. Valart. *Lutetiæ, De Bure,*
              1763, *in-12.*
              Plusieurs exemplaires tachés.

92.   2 ex. Genova, con l'esposizione delle chiese e luoghi principali. *In-fol. atlant.* 24 *pl. sans texte.*

93. 150 — Gioanetti, Analyse des eaux minérales de Saint-Vincent et de Courmayeur, dans le duché d'Aoste. *Turin,* 1779, *in-8. br. et plié.*

94. 10 — Giraud-Soulavie, Histoire naturelle de la France méridionale, ou Recherches sur la minéralogie du Vivarais, etc. *Nismes,* 1780, 7 *vol. in-8. br.* = La même, les Végétaux, tome 1. *Paris,* 1782, *in-8. br.*

95. 29 — Gresset, OEuvres choisies. *Paris,* (*Didot*), 1781, *in-18.*
De la collection d'Artois, en papier ordinaire.

96.   5 — Gresset, OEuvres choisies. *Paris, Didot jeune, l'an* II, (1794), *in-18. fig. Pap. Vél.*

97.   4 — Guignes (de), Essai historique sur la typographie orientale et grecque de l'imprimerie royale. (*Paris, I. R.*), 1787, *in-4.*

     2 — Le même, *in-fol. br.*

98. 139 — Hales, Considérations sur la cause physique des tremblemens de terre, lues à la Société royale de Londres. *Paris, De Bure,* 1751, *in-12.*

99. 29 — Haller (le baron de), Alfred, roi des Anglo-Saxons, trad. de l'all. *Lausanne,* 1775, *pet. in-8.*

100. 10 — Hamilton (A.), Contes. *Paris,* (*Didot*), 1781, 3 *vol. in-18.*
De la collection d'Artois, en papier ordinaire.

101. 12 — Héliodore, les Amours de Théagène et de Chariclée, trad. nouv. *Londres,* (*Paris, Coustelier*), 1743, 2 *vol. in-8. fig.*

102. 50 ex. Hérissant, Bibliothèque physique de la France, ou Liste de tous les ouvrages qui traitent de l'Histoire naturelle de ce pays. *Paris*, 1771, *in-8.*

103. 65 — Heures imprimées par ordre de l'archevêque de Paris, à l'usage de son diocèse. *Paris, les Libraires associés,* 1755, *in-32.*

104. 5 — Histoire naturelle du cacao et du sucre, (par de Quelus). *Amst.* 1720, *petit in-8. br.*

105. 10 — Horatius. *Parisiis, e Typ. Regia,* 1733, *in-18.* ⸗ Phædrus, fabulæ et P. Syri sententiæ. *Paris, e Typ. Regia,* 1729, *in-18. Ch. Mag. pliés.*

    13 — Horatius. *Plusieurs sont piqués.*

    8 — Phædrus. *Piqués.*

106. 3 — Huetius (P. D.), de Imbecillitate mentis humanæ libri tres. *Amst.* 1738, *in-12. br.*

107. 4 — La Fontaine (J. de), Adonis, poëme. *Paris, Didot l'aîné, l'an II, (1794), in-18. br. l. r. Pap. Vél.*

108. 14 — La Fontaine (J. de), les Amours de Psyché et de Cupidon. *Paris, (Didot),* 1782, 2 *vol. in-18.*
De la collection d'Artois, en papier ordinaire.

109. 20 — La Fontaine (J. de), Fables. *Paris, (Didot),* 1781, 2 *vol. in-18.*
De la collection d'Artois, en papier ordinaire.

110. 20 — La Ménardaye (de), Examen et Discussion critique de l'Histoire des diables de Loudun, de la possession des religieuses ursulines, etc. *Paris, De Bure,* 1747, *in-12.*

111. 15 — La Mothe le Vayer, Cinq (neuf) Dialogues faits à l'imitation des anciens par Orasius Tubero. *Francfort,* 1716, 2 *vol. in-12.*

112.   2 ex. Laporte (de), Guide des Négocians et Teneurs de livres. *Paris,* 1716, *in-*12. *v. m.*

113.   7 — Larcher, Réponse à la Défense de mon oncle. *Amst.* 1767, *in-*8. *br.*

114.   2 — Lefrancq de Berkhey, Histoire géogr. phys. nat. et civile de la Hollande, trad. du hollandois. *Bouillon,* 1782, *4 vol. in-*12. *br. fig.*

115.   3 — Lepicié, Catalogue raisonné des Tableaux du Roi, avec un Abrégé de la Vie des Peintres. *Paris, Impr. Royale,* 1752, *2 vol. in-*4.

116.   29 — Le Trosne, Éloge historique de Pothier. *Orléans,* 1773, *in-*12. *cart.*

117.   7 — Limborch (P. à), Historia Inquisitionis. *Amstelodami,* 1692, *in-fol. fig.*

118.   25 — Liste générale et alphabétique des Portraits gravés des François et Françoises illustres jusqu'en 1775, dans laquelle on indique le nom des graveurs, le format des portraits, avec quelques remarques sur leur beauté et leur rareté. *Paris, De Bure,* 1809, *in-fol.*
Cette liste de portraits est extraite du tome IV de la Bibliothèque historique de la France.

119.   35 — Livre utile aux négocians de l'Europe, contenant la théorie des opérations du change, etc. *Bruxelles,* 1785, *in-*8.

120.   2 — Longus, Pastoralia de Daphnide et Chloe, gr. et lat. ex recens. et cum animadvers. J. B. C. d'Ansse de Villoison. *Paris, De Bure,* 1778, *in-*8. *cart.*

121.   2 — Louis XV, Cours des principaux Fleuves et Rivières de l'Europe. *Paris,* 1718, *petit in-*4. *br.*

122.   2 — Lucianus, Index verborum ac phrasium Luciani, sive Lexicon Lucianeum, ad editiones omnes concinnatum, à C. C. Reitzio. *Traj. ad Rhen.* 1746, *in-*4. *br.*
Ce volume forme le tome IV du Lucianus, 4 vol.

123. 6 ex. Lucretius Carus (T.), de Rerum natura. *Birmingham. Baskerville,* 1772, *in-4.*

124. 11 — Mabillon, Annales Ordinis sancti Benedicti. *Parisiis,* 1739, *in-fol.* Tomus sextus.

125. 19 — Maierus (M.), Cantilenæ intellectuales de Phœnice redivivo, ou Chansons intellectuelles sur la résurrection du Phénix. *Paris, De Bure,* 1758, *in-12.*

126. 3 — Majansius (G.), Tractatus de Hispana progenie vocis ur. *Madridii,* 1779, *in-8.* br.

127. 8 — Mairan (de), Traité phys. et hist. de l'Aurore boréale. *Paris, I. R.* 1754, *in-4. fig.*

128. 61 — Mancini-Nivernois (L. J. B.), Essai sur la Vie de J. J. Barthélemy. *Paris, De Bure,* 1795, *in-4.* 39 *pages.*

   2 — Idem, *in-4. Pap. Vél.*

129. 3 — Manége et Équitation, extraits de l'Encyclopédie de Paris. *In-fol.* br. 6 *pages de texte et* 33 *pl.*

130. 7 — Mangeart (Dom Thomas), Octave de Sermons pour les morts. *Nancy,* 1739, 2 *vol. petit in-8.*

131. 19 — Mann (l'abbé), Mémoire sur les diverses méthodes inventées jusqu'à présent pour garantir les édifices d'incendie. *Genève,* 1779, *in-8.*

132. 17 — Marcus Græcus, Liber ignium ad comburendos hostes. *Paris.* 1804, *in-4.* br. *Pap. Vél.*

133. 26 — Meerman (G.), Origines typographicæ. *Hagæ Comit.* 1765, 2 *vol. in-4. fig.*

134. 115 — Meerman (J. de), Discours sur le premier voyage de Pierre-le-Grand, principalement en Hollande. *Paris, De Bure,* 1812, *in-8.* 80 *pages.*

   36 — Le même, *Pap. Vél.*

(14)

135. 211 ex. Meerman (J. de), Montmartre, poëme hollandois, avec la traduction françoise. *Paris, De Bure,* 1812, *in-4.*

    42 — Le même, *Pap. Vél.*

136.   8 — Mémoires de la Ligue, nouvelle édition, augmentée de notes critiques et historiques par l'abbé Goujet. *Paris,* 1758, 6 *vol. in-4.*

137. 12 — Mirchond (Mohammedes), Historia regum Persarum, persice et latine, cum notis. *Viennæ,* 1782, *in-4.*

138. 10 — Montesquieu (de), Lettres persanes. *Paris, (Didot),* 1782, 3 *vol. in-18.*
De la Collection d'Artois, en papier ordinaire.

139. 38 — Montnard (D. J. de) l'Esprit et la Pratique de la dévotion au Sacré Cœur de Jésus. *Rouen,* 1762, *in-12.*

140.   3 — Musique. Extrait de l'Encyclopédie de Paris. *In-fol. br.* 22 *pages de texte et* 19 *planches.*

141.   3 — Nautical (the) Almanac, for the year 1791. *London,* 1786, *grand in-8. br.*

    2 — The same, 1792, *grand in-8. br.*

142.   3 — Norden (F. L.), Voyage d'Égypte et de Nubie, édition publiée par Langlès. *Paris, Didot,* 1795, *in-4. br. en cart.* 60 *planches.* Tome Ier.

143. 50 — Notice sur la Vie et les Écrits de M. Larcher. (*Paris,* 1814), *in-8.* 28 *pages.*

144. 10 — Oberlinus (J. J.), Orbis antiqui monumentis suis illustrati primæ lineæ. *Argent,* 1776, *in-8.*

145.   6 — Oroux, Histoire ecclésiastique de la Cour de France. *Paris, I. R.* 1776, 2 *vol. in-4.*

146.   8 — Ovidius Naso (P.), Metamorphoses. *Genevæ,* 1718, *in-12.*

(15)

147. 13 ex. Ovidius Naso (P.), Tristium libri V, ed.
J. J. Oberlino. *Argent.* 1776, *pet. in-8.*
Le tome 1er.

148. 12 — Ovide, nouvelle traduction des Héroïdes.
Paris, 1753, *in-8. fig.*
Trois exemplaires sont reliés en veau éc. fil.

149. 27 — Pagi, Histoire de Cyrus le jeune et de la
Retraite des dix mille. *Paris,* 1736,
in-12.

150. 5 — Pahin de la Blancherie, Extrait du Journal
de mes voyages, ou Histoire d'un jeune
Homme, pour servir d'école aux pères
et mères. *Paris, De Bure,* 1775, 2 *vol.*
in-12.

151. 5 — Panelius (A.X.), de Cistophoris. *Lugduni,*
1734, *in-4. br. fig.*

152. 36 — Paulet (J.J.), Tabula Plantarum fungosa-
rum. *Paris. è Typ. Reg.* 1791, *in-4.*
4 feuille de texte, 1 planche et 1 grand
tableau.

153. 33 — Pecata, ou l'Ane du pays d'Artois, allégorie
en vers. *En Arcadie, de l'imprimerie*
de Clamouret Bruyant, à la Discor-
dance, in-8. br. 25 *pages.*

154. 7 — Petrarca (F.), Rime. *Roma,* 1793, *in-18.*

155. 5 — Pieyre, les Amis à l'épreuve, comédie en
un acte, en vers. *Paris, De Bure,* 1788,
in-8. br.

6 — La même, *Pap. Vél.*

156. 4 — Pieyre, l'École des Pères, comédie en cinq
actes, en vers. *Paris, De Bure,* 1788,
in-8. br.

157. 5 — Plutarchus, de liberis Educandis, accedunt
ejusdem et Marc. Sidetæ medici frag-
menta, gr. ed. Schneider. *Argentor.*
1772, *pet. in-8.*

158. 48 — Poops, Opuscule, ou Essai tendant à rec-
tifier des préjugés nuisibles et à former
des vertueux éclairés. *Londres,* 1791,
pet. in-8. br.

PORTRAITS.

159.   » ex. 138 Portraits et 1 Frontispice de la Vie
        des Peintres, de d'Argenville. *In-8.*

160.   » — 830 Portraits de la Vie des Peintres. *In-8.*
        = 72 Titres du même ouvrage.
        = 54 Vignettes   *idem.*
        Il y a plusieurs exemplaires de chaque peintre.

161.   21 — Blanchet (l'abbé), auteur des Apologues
        et Contes orientaux, gravé par A. de
        Saint-Aubin. *In-8.*

162.   33 — Bourdaloue, gravé par C. Simonneau.
        Grand in-8.

163.   80 — Geoffroy (E. F.), doyen de la Faculté de
        Médecine de Paris, gravé par Surugue
        en 1737. *Grand in-fol.*

164. 187 — Geoffroy (M. F.), pharmacien de Paris,
        gravé par Chereau en 1713. *Grand
        in-fol.*

165.   36 — L'Hôpital (Michel de), chancelier de
        France, gravé par J. B. Tilliard. *In-12.*

166.   65 — Massé, gravé par Wille, pour la Galerie de
        Versailles. *In-fol.*

167.   53 — Miromenil (A. T. Hue, marquis de), garde-
        des-sceaux de France, gravé par C. Ba-
        quoy. *In-4.*

168.   45 — Pothier (R. J.), gravé par V. Vangelisty.
        In-4.

169.   43 — Quatremere de Quincy, Lettres sur le
        préjudice qu'occasionneraient aux arts
        et à la science le déplacement des
        monumens de l'art de l'Italie, le dé-
        membrement de ses écoles, et la spo-
        liation de ses collections, galeries, mu-
        sées, etc., nouvelle édition. *Rome,*
        1815, *in-8. br.*

170. 40 ex. Quatremere de Quincy, Considérations morales sur la destination des ouvrages de l'art. *Paris, 1815, in-8. br.*

171. 38 — Quatremere de Quincy, Restitution des deux frontons du temple de Minerve à Athènes. *Paris, 1825, in-fol. cart. Pap. Vél.*
Avec trois planches, dont deux doubles.

172. 3 — Recueil de douze Estampes de la galerie d'Espagne, publiée à Madrid en 1798. *Très grand in-fol.*
Voyez, pour le détail, nos trois Catalogues, nos 1184, 1103 et 801.

173. 2 — Recueil de Tables astronomiques de l'Académie de Berlin. *Berlin, 1776, 3 vol. in-8. br.*

174. 19 — Recueil des Plantes, gravées d'après les dessins de Robert; le Titre, des Éclaircissemens sur ce Recueil, et la Table des 319 planches. 20 *feuillets in-fol. atlantico.*
Tiré à petit nombre, et il manque à beaucoup d'exemplaires.

175. 118 — Religion (la) chrétienne éclairée par le dogme et par la prophétie; tome V, dernière partie, sur les Anges, bons et mauvais. *Paris, veuve Delatour, 1754, in-12. br.*

176. 16 — Ria (J. P. de), Palais de soixante et quatre fenêtres, ou l'Art d'écrire toutes les langues du monde comme on les parle. *Pétersbourg, 1788, in-4. br.*

177. 15 — Roland le Virloys, Dictionnaire d'Architecture civile, militaire et navale, et de tous les arts et métiers qui en dépendent, dont tous les termes sont exprimés en français, latin, italien, espagnol, anglais et allemand, avec une Notice des architectes, peintres, etc. *Paris, 1770, 3 vol. in-4. avec 100 planches.*

178.   4 ex. Rothe (Bernard), Histoire romaine; Ca-
       ligula et Claude, empereurs. *Paris,*
       1748, *in-4.*
       Tome xxi de l'Histoire romaine du père Catron.

179. 158 — Rouelle et Darcet, Expériences sur la
       quantité d'or qu'on retire de la terre
       végétale et des cendres des végétaux.
       (*Paris*), 1778, *in-12. br.* 19 *pages.*

180.   2 — Rubeis (J. F. B. M. de), Monumenta Eccle-
       siæ Aquilejensis. *Argentinæ,* 1740,
       in-fol. br.
       L'un des deux exemplaires est imparfait des pages
       609 à 612.

181.   3 — Sage, Description méthodique du cabinet
       de l'Ecole royale des mines. *Paris, I. R.*
       1784, *in-8.*

182.   5 — Saint-Cyran (de), Question royalle et sa
       décision. *Paris,* 1609, *pet. in-8. br.*
       Édition renouvelée.

183.   3 — Sainte-Croix (le baron de), Eloge histo-
       rique de Barthélemy. *In-4. br.*

184.   5 — Sallustius (C. C.), Opera. *Birmingham.*
       Baskerville, 1773, *in-4.*

185.   4 — Sallustius (C. C.), Opera, ex recens. Gott.
       Cortii. *Glasguæ, Foulis,* 1777, *pet.*
       in-8. br.

186.   4 — Schlegelius (J. H.), Observationes crit. et
       hist. in Cornelium Nepotem. *Hauniæ,*
       1778, *in-4. br.*

187. 16 — Silvestre de Sacy, Notice abrégée sur la
       vie et les ouvrages de M. de La Porte
       du Theil. (*Paris,* 1815), *in-8.* 12 pag.

188.   3 — Simonelli (J. P.), et Alii, scientia eclip-
       sium, ex imperio et commercio sina-
       rum illustrata, etc. *Romæ,* 1747,
       4 *tomes en* 1 *vol. in-4. br. fig.*

189. 21 ex. Sobrino, Dictionnaire espagnol, françois
        et latin, et françois et espagnol, édi-
        tion augmentée par Cormon. *En Am-
        beres, (Lyon), 1789, 3 tom. en 2 vol.
        in-4.*

190.   7 — Soprani (R.), Vite de' pittori, scultori, ed
        architetti genovesi. *In Genova, 1768,
        2 vol. in-4. avec des portraits.*

191.   12 — Tablettes des Muses, ou Choix des plus
        jolies poésies qui existent dans notre
        langue. *Bouillon, 1782, in-18. br.*

192.   12 — Tencin (Madame de), le Siége de Calais,
        nouvelle historique. *La Haye, 1739,
        2 vol. in-12.*

193.   4 — Terentius (P.), Comœdiæ. *Londini, San d
        by, 1751, 2 tomes en 1 vol. in-8. br.
        fig.*

194.   10 — Terentius (P.), Comœdiæ. *Birmingham.
        Baskerville, 1772, in-4.*

195.   3 — Théâtre allemand, ou Recueil des meil-
        leures pièces dramatiques, trad. par
        Junker et Liébault. *Paris, 1785, 4 vol.
        in-12. br.*

196.   3 — Themistius, Opera, gr. et lat. ed. J. Har-
        duino. *Paris. e Typ. Reg. 1684, in-fol.
        br.* Ch. Mag.

197.   3 — Traités de commerce faits par Durand,
        directeur de la Compagnie du Sénégal,
        avec les princes maures de la rive droite
        du Sénégal, en arabe et en français.
        *Paris, I. de la R. an x, (1802), gr.
        in-4. br. Piqué des vers.*

198.   6 — Tressan, Histoire de Gérard de Nevers
        et de la belle Euriant, sa mie. *Paris,
        Didot jeune, 1792, in-18. fig., Pap.
        Vél.*

199. 46 ex. Tronçon du Coudray, l'Artillerie nouvelle, ou Examen des changemens faits dans l'artillerie françoise depuis 1765. *Amst.* 1772, *pet. in-8. br.*

200. 8 — Vahl (Mart.), Enumeratio plantarum, cum earum differentiis specificis, synonymis et descriptionibus. *Hauniæ,* 1805, 2 *vol. in-8.*

201. 3 — Villaviciosa (D. Joseph. de), la Mosquea, poetica inventiva. *En Madrid,* 1777, *in-8. br.*

202. 4 — Virgilius Maro (P.), Bucolica, Georgica et Æneis. *Glasguæ, Foulis,* 1784, *pet. in-8. br.*

203. 11 — Virgilio Marone (P.), l'Eneide, trad. da Annibal Caro. *Parigi,* 1760, 2 *vol. gr. in-8. fig.*

204. 25 — Wallancey (le colonel), Comparaison de la langue punique et de la langue irlandoise, au moyen de la scène punique de la comédie de Plaute, intitulée *le Carthaginois.* 1787. *in-12. br.* 16 *pag.*

205. 2 — Wimpfen (de), Lettres d'un voyageur. *Paris,* 1788, 2 *part. en* 1 *vol. pet. in-8. br.*

206. 2 — Wolffius, Compendium elementorum matheseos universæ. *Lausannæ,* 1742, 2 *vol. pet. in-8.*

207. 10 — Wyttenbach, Bibliotheca critica. *Amst.* 1777, *in-8. part.* 1 *et* 2.

208. 3 — Zuccala (G.), della Vita di T. Tasso, libri due. *Milano,* 1819, *in-8. br.*

ADDITION.

209.   3 ex. Catalogue des Livres de la Bibliothéque
de M. L. D. D. L. V. (le duc de La Val-
lière). *Paris, Guill. Fr. De Bure le
jeune, 1767, 2 vol. in-8. tirés de format petit in-4.*

210.   2 — Description historique d'un volume com-
posé de Tableaux peints en miniature,
sur Vélin, qui représentent les Voyages
et les Aventures de Ch. Magius, noble
vénitien, depuis que les Turcs prirent
l'île de Chypre jusqu'à la bataille de
Lépanthe, en 1571. *Paris, De Bure,
1751. in-fol. br.*

Ce superbe volume est maintenant au cabinet des
Estampes de la Bibliothéque royale.

211.   5 — Figures des Monnaies qui se trouvent dans
le tome iv du Glossaire de Du Cange.
1733, *in-fol.* 10 *planches; le Titre
gravé et le Portrait de Du Cange,
2 planches.*

Ces planches manquent quelquefois dans le livre.

212.   5 — Florian, les six Nouvelles. *Paris, Didot,
1784, in-18. br. Pap. Vél.*

213.   7 — Florian, les Nouvelles Nouvelles. *Paris,
Didot, 1792, in-18, Pap. Vél. fig.*

214. 162 — Frontispice de l'Encyclopédie, dessiné par
C. N. Cochin, et gravé par B. L. Pré-
vost en 1772. *In-fol.*

215. 39 — Gedoyn (l'abbé), OEuvres diverses. *Paris, De Bure, 1745, in-12.*

216. 10 — Jousse, Nouveau Traité de la Sphère.
Paris, De Bure, 1755, in-12.

217. » — Le Brun, la grande Galerie de Versailles. *In-fol. 34 estampes détachées, en feuilles, savoir :*

    Nᵒˢ 12 à 30, 32, 34, 40 à 43, 49 à 52, de chaque.................... 36 ex.
    Nᵒ 35, salon de la Guerre............ 30
    Nᵒ 44, salon de la Paix............. 30*
    Portrait de Massé.................. 36
    Discours........................ 3

218. 2 ex. Lucretius Carus (T.), de Rerum Natura. *Birmingh. Baskerville, 1773, in-12. br. l. r.*

219. 59 — Riccoboni (L.), de la Réformation du Théâtre. *Paris, De Bure, 1767, in-12.* **Plusieurs exemplaires sont piqués des vers.**

220. 2 — Savisaye, Eglogve de la vie solitaire. *Lyon, de Tournes, 1547; (Aix, Pontier, 1829), petit in-8. br.*

221. 60 — Solano, Observations nouvelles et extraordinaires sur la prédiction des crises par le pouls, enrichies de cas nouveaux, par Nihell, et trad. de l'angl. par Lavirotte. *Paris, De Bure, 1748, in-12.*

222. 6 — Spon (Jacob), de l'Origine des Étrennes. *Paris, Didot, 1781, in-18. br. Pap. d'Annonay.*

ORDRE DES VACATIONS.

Le mardi 8 août, les nᵒˢ   1 à 74
Le mercredi 9.............. 74 à 148
Le jeudi 10.............. 149 à 222